Eva Danner & Beate Vogel

Mein allererstes Basteljahr

christophorus

Inhalt

Für die Kleinen

Kreativität entwickelt sich im Laufe eines Lebens durch die Anregungen, die Menschen von klein auf erhalten. Damit schon kleine Kinder ihrer Fantasie freien Lauf lassen und ihr vorhandenes Potenzial entfalten können, bedarf es einer Umgebung, die zum selbstbestimmten Experimentieren und Ausprobieren einlädt. Andererseits sollten Erwachsene auch Impulse setzen, die im Hinblick auf die verwendeten Materialien und Techniken für die Kleinen realisierbar sind. Kinder unter 3 Jahren sind wissbegierig und interessiert an allem Neuen. Sie werden zunehmend selbstständiger und möchten vieles schon alleine tun, ohne die Hilfe der Erwachsenen.

„Das kann ich schon selbst!" Genau diese Motivation gilt es zu nutzen, denn die Kleinen können schon eine ganze Menge und man kann ihnen bereits einiges zutrauen. Deshalb haben wir in diesem Buch großen Wert darauf gelegt, dass die Kinder die Arbeitsschritte überwiegend selbstständig ausführen können.

Bei der Auswahl der Angebote waren uns folgende Punkte wichtig:

- wenig aufwendige und zeitintensive Vorbereitungen,
- kurze Anleitungen,
- schnelle Erfolgserlebnisse für die Kinder,
- geringe Materialkosten,
- minimale Verwendung von Schablonen und Vorlagen,
- einfache Durchführung,
- Themenwahl aus der Lebenswelt der Kinder und somit an den Interessen der Kinder unter 3 Jahren orientiert.

Alle Vorschläge sind auf die Bedürfnisse von Kindern zwischen 2 und 3 Jahren abgestimmt und mehrfach in der Praxis erprobt. Die Kleinen werden gefordert, aber nicht überfordert, und haben Freude beim Ausprobieren!

Viel Spaß wünschen
Eva Danner und Beate Vogel

Material & Technik

Papier

Kinder unter 3 Jahren können am besten Tonpapier mit der Bastelschere schneiden. Tonpapier gibt es in vielen leuchtenden Farben im Hobbyfachhandel. Festeres Papier, z. B. Fotokarton, eignet sich für die Kleinen noch nicht so gut.

Papiertaschentücher

Die einzelnen Lagen der Taschentücher vor Arbeitsbeginn trennen und danach separat wieder zusammenfalten. In der Regel hat ein Taschentuch 4 Lagen. Für kleine Kinder ist diese Aufgabe etwas kniffelig, da das sehr dünne Papier schnell reißen kann. Deshalb sollte diese Aufgabe ein Erwachsener übernehmen.

Kaffeefiltertüten

Für manche Bastelarbeiten werden Kaffeefiltertüten (Größe 2) verwendet. Vor dem Öffnen der Filtertüte am besten die beiden gestanzten Kanten umknicken und mit Klebstoff fixieren. Damit wird die Bastelarbeit stabiler, die Tüte erhält einen sicheren Stand.

Chenilledraht (Pfeifenreiniger)

Für ganz kleine Kinder ist es zu schwer, Chenilledraht mit der Bastelschere zu durchtrennen. Der dafür benötigte Kraftaufwand ist noch zu groß. Am besten übernimmt ein Erwachsener diese Aufgabe.

Kreis-Vorlagen

Mithilfe von Tassen, Tellern, Gläsern und Klebestiftkappen können unterschiedlich große Kreisformen angefertigt werden. Einfach den ausgewählten Gebrauchsgegenstand auf das Papier legen, mit dem Bleistift an der Form entlangfahren und die Kreisform ausschneiden. Die Kreise müssen nicht perfekt rund geschnitten sein.

Augen anfertigen

Für kleinere Kinder ist es fast unmöglich runde Augen zu schneiden. Oft halten sie die Schere noch mit zwei Händen, was dazu führt, dass sie kleine eckige anstatt runde Formen abschneiden. Gerade die meist sehr kleinen Augen sind deshalb für die Kinder kaum zu bewältigen. Hier eignen sich weiße Papierstreifen gut. Die Kinder können schnell und einfach Stücke davon abschneiden. Ein schwarzer Locherpunkt dient als Pupille.

Körperformen

Viele Körperformen entstehen aus Rechtecken oder Quadraten, bei denen lediglich die Ecken abgeschnitten werden. Es macht nichts, wenn der Körper dadurch eine etwas kantige Form erhält. Viel wichtiger ist es, dass die Kleinen den Körper auf diese Weise beinahe selbstständig herstellen können. Man muss oft nur das Papier für sie festhalten und/oder drehen.

Schneiden

Kindern aus Sicherheitsgründen immer eine Kinderschere mit abgerundeter Spitze geben. Das Schneiden ist für viele Kinder am Anfang sehr schwierig, deshalb sollten sie immer wieder dazu ermuntert werden, auch nicht perfekte Formen zu schneiden.

Kleben

Beim Kleben benötigen die Kleinen oftmals noch Hilfe. Zum Kleben eignen sich Klebestifte, aber auch Flüssigkleber. Heißkleber gehört jedoch nicht in Kinderhände, er sollte nur von einem Erwachsenen verwendet werden.

Fingerfarben

Fingerfarben gibt es in vielen verschiedenen Farben. Es ist aber nicht notwendig, alle Farben vorrätig zu haben. Es reicht, sich die Grundfarben Gelb, Blau, Rot, Braun, Schwarz und Weiß anzuschaffen. Die fehlenden Farben können dann ganz leicht angerührt werden:

Wattepads bemalen

Am besten die Farbe auf die Wattepads tupfen, das geht leichter, als die Farbe aufzumalen. Dazu Wasserfarbe mit reichlich Wasser verwenden. Als Unterlage eignen sich Plastikteller oder anderes Kunststoffgeschirr. Dies ist einfach zu reinigen und verhindert Farbflecke auf dem Tisch.

Schmetterling

So gehts:

1. Die einzelnen Lagen des Papiertaschentuchs trennen und zwei Lagen separat wieder zusammenfalten.

2. Mit bunten Fasermalern jeweils viele verschiedene Punkte auftupfen.

3. Beide Taschentücher mit Wasser befeuchten, bis die Farben ineinanderlaufen.

4. Die Taschentücher trocknen, vorsich-ig auseinanderfalten und aufeinanderleger.

Tipp:

Auf braune und schwarze Filzstifte am besten verzichten, da das Ergetnis sonst zu dunkel ausfällt.

5. Einen Chenilledraht in der Mitte umbiegen, eine Schlaufe formen und ihn etwa 6 cm weit zusammendrehen.

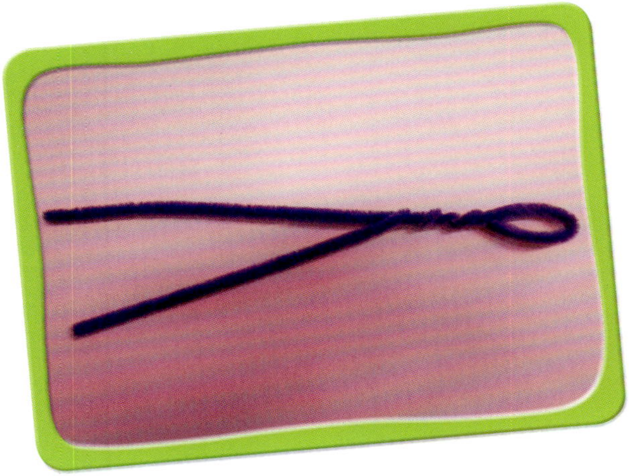

6. Die aufeinanderliegenden Taschentücher mittig zusammenraffen (Flügel) und zwischen den zusammengedrehten Chenilledraht stecken. Diesen weiterdrehen, um die Taschentücher zu fixieren, und mit den Enden zwei Fühler formen.

Du brauchst:

Papiertaschentuch,
Filzstifte in verschiedenen Farben,
Chenilledraht

Lustiges Huhn

Du brauchst:
weißes, gelbes, rotes und schwarzes Tonpapier, braune Filtertüte (Größe 2), Federn, Schere, Klebstoff, Locher

So gehts:

1. Das Material für das Huhn bereitlegen: eine Filtertüte, ein weißes Quadrat, etwa 8 x 8 cm, ein rotes Rechteck, etwa 8 x 4 cm, ein gelbes Rechteck, 2 x 4 cm, sowie einen etwa 1 cm breiten weißen Streifen.

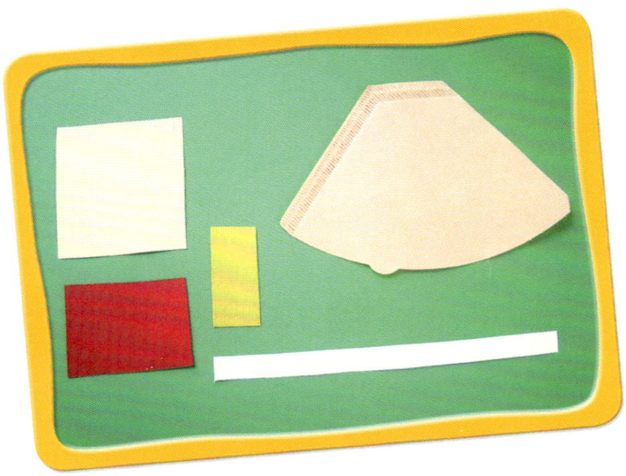

2. Vom weißen Quadrat die vier Ecken rund abschneiden (Kopf), das gelbe Rechteck diagonal durchschneiden (Schnabel). Für den Kamm an der langen Seite des roten Rechtecks Zacken herausschneiden. Vom weißen Streifen für die Augen zwei Stücke abschneiden und mit jeweils einem schwarzen Locherpunkt bekleben.

3. Die Einzelteile des Kopfs mit Klebstoff zusammensetzen.

4. Die beiden gestanzten Kanten der Filtertüte umknicken und mit Klebstoff fixieren. Den Kopf an der aufgestellten Filtertüte ankleben. An beiden Seiten des Huhns Federn als Flügel mit Klebstoff befestigen.

Farbige Raupe

Du brauchst:
Wattepads, Wasserfarben, Tonpapier in verschiedenen Farben, einen Papierbogen, Pinsel, Schere, Klebstoff, Locher

So gehts:

1. Für den Kopf der Raupe einen Wattepad gelb bemalen. Für den Körper fünf weitere Wattepads mit jeweils einer anderen Farbe gestalten.

2. Die getrockneten Wattepads auf einen größeren Papierbogen kleben.

3. Einen vorbereiteten roten Tonpapierkreis, etwa 2 cm Ø, in der Mitte durchschneiden und eine Hälfte als Mund verwenden. Für die Augen zwei Stücke von einem weißen Tonpapierstreifen abschneiden.

4. Zwei schwarze Locherpunkte als Pupillen auf die weißen Augen kleben. Die Augen, einen blauen Locherpunkt als Nase und den roten Mund auf dem gelben Kopf anbringen.

5. Zwei kleine grüne Tonpapierstreifen als Fühler am Kopf befestigen.

Tipp:

Für eine längere Raupe einfach weitere Wattepads anmalen und nach dem Trocknen aufkleben.

Grüner Frosch

Du brauchst:
weißes, rotes und grünes Tonpapier, Schere, Klebstoff, Locher

So gehts:

1. Aus grünem Tonpapier ein 15 cm großes Quadrat, zwei 7 cm große Quadrate sowie einen 4 cm breiten Streifen zuschneiden. Dazu noch einen 1,5 cm breiten weißen Streifen und einen roten Tonpapierkreis, 3 cm Ø, bereitlegen.

2. An den Quadraten die vier Ecken rund schneiden. Zwei Stücke vom grünen Streifen als Beine abschneiden. Den roten Kreis halbieren. Für die Augen vom weißen Streifen zwei Stücke abschneiden und mit je einem schwarzen Locherpunkt bekleben.

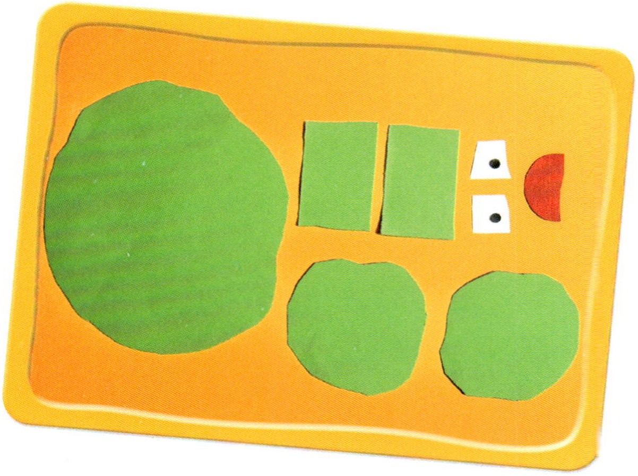

3. Die Einzelteile der Augen mit Klebstoff zusammensetzen und diese gemeinsam mit den Beinen am Körper anbringen.

4. Einen schwarzen Locherpunkt als Nase und den halbierten Kreis als Mund aufkleben.

Tipp:

Besonders schön sieht es aus, wenn die Kinder mehrere Frösche basteln und sie dann auf blaues Papier oder blauen Stoff setzen. Dann quaken viele Frösche im Teich.

Bunter Hahn

So gehts:

1. Die Toilettenpapierrolle mit gelber Fingerfarbe bemalen und trocknen lassen.

2. Aus weißem Tonpapier einen etwa 1,5 cm breiten Streifen zurechtschneiden. Aus rotem Tonpapier ein großes Rechteck, etwa 3 x 8 cm (Schnabel) und ein kleines Rechteck, etwa 3 x 5 cm (Kamm) anfertigen.

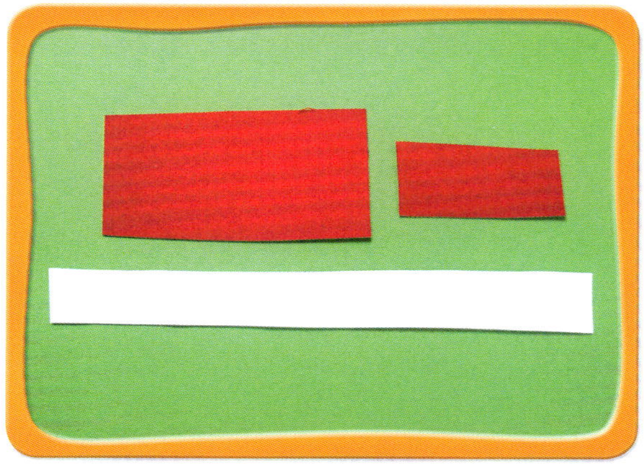

3. Für die Augen vom weißen Streifen zwei Stücke abschneiden und schwarze Locherpunkte als Pupillen aufkleben. Für den Schnabel das große Rechteck in der Mitte zusammenfalten und auf der geöffneten Seite spitz zuschneiden. Für den Kamm in das kleine Rechteck auf der breiten Seite verschieden große Zacken einschneiden.

4. Aus bunten Tonpapierresten etwa 1 cm breite Streifen zuschneiden und als Schwanzfedern mit Klebstoff an der Toilettenpapierrolle befestigen. Seitlich einige Federn ankleben.

Du brauchst:

weißes und rotes Tonpapier, Tonpapierreste in verschiedenen Farben, leere Toilettenpapierrolle, gelbe Fingerfarbe, Hühnerfedern (alternativ: Bastelfedern), Pinsel, Schere, Klebstoff, Locher

5. Augen und Schnabel auf der Toilettenpapierrolle fixieren. Den Kamm von oben in die Rolle hineinkleben, sodass nur die Zacken zu sehen sind.

Schiff & Fische

So gehts:

Du brauchst:
Tonpapier in verschiedenen Farben, einen blauen Papierbogen, Schere, Klebstoff, Locher

1. Vom roten Tonpapier ein Dreieck (lange Seite 25 cm, die beiden kürzeren Seiten je 15 cm) und vom gelben Tonpapier einen Streifen, 2 x 20 cm, zuschneiden.

2. Vom roten Dreieck die Spitze abschneiden, etwa ein Drittel der Höhe.

3. Die Einzelteile des Schiffs auf einen Papierbogen kleben.

4. Für die Fische aus verschiedenfarbigen Tonpapieren mehrere Quadrate, etwa 4 x 4 cm, zuschneiden. Einen Teil der Quadrate diagonal durchschneiden (Flossen).

5. Die Schwanzflossen mit Klebstoff an den Fischkörpern anbringen.

6. Schwarze Locherpunkte als Augen auf die Fische kleben. Die Fische um das Boot herum auf dem Papierbogen fixieren.

Grünes Auto

Du brauchst:
weißes, grünes und blaues Tonpapier, schwarze Wasserfarbe, einen Wattepad, Pinsel, Schere, Klebstoff

So gehts:

1. Den Wattepad mit schwarzer Wasserfarbe anmalen und trocknen lassen (Räder).

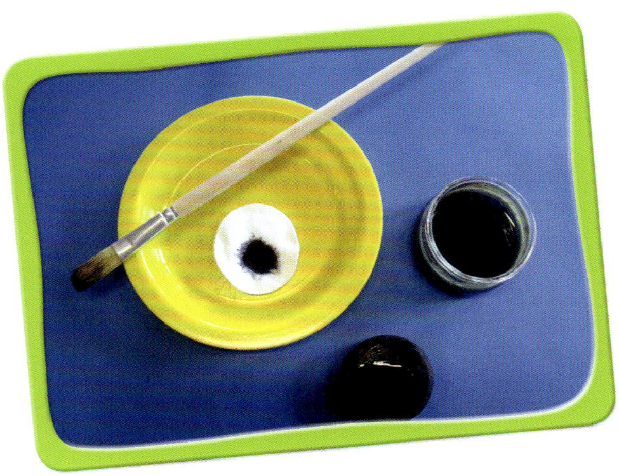

2. Aus grünem Tonpapier einen Kreis, etwa 16 cm Ø, aus weißem Tonpapier einen Kreis, etwa 4 cm Ø, anfertigen. Aus blauem Tonpapier einen etwa 3 cm breiten Streifen zuschneiden.

3. Den grünen Kreis in der Mitte durchschneiden und eine Hälfte als Auto verwenden. Den weißen Kreis ebenfalls in der Mitte durchschneiden (Radkappen) und von dem blauen Streifen zwei Stücke als Fenster abschneiden.

4. Den schwarz bemalten Wattepad in der Mitte durchschneiden und jeweils einen weißen Halbkreis aufkleben.

5. Die Einzelteile des Autos mit Klebstoff zusammensetzen. Einen kleinen grünen Tonpapierstreifen als Auspuff anbringen.

Schwarz-weiße Kuh

So gehts:

1. Mit schwarzer Fingerfarbe die Zeigefingerspitze bemalen und als Flecken auf eine Seite der Filtertüte drucken. Die Farbe trocknen lassen, die Filtertüte umdrehen und die andere Seite bedrucken.

2. Von einem schwarzen Tonpapierstreifen, etwa 5 cm breit, ein Stück abschneiden (Kopf). Für die Augen von einem weißen, etwa 1,5 cm breiten Tonpapierstreifen zwei Stücke abschneiden und schwarze Locherpunkte als Pupillen aufkleben.

3. Aus weißem Tonpapier ein Rechteck, etwa 8 x 5 cm, und ein Quadrat, etwa 2 x 2 cm, zuschneiden.

4. Am weißen Rechteck alle vier Ecken rund abschneiden (Nase) und schwarze Locherpunkte als Nasenlöcher aufkleben. Das Quadrat diagonal durchschneiden und beide Hälften als Ohren verwenden. Die Einzelteile des Gesichts mit Klebstoff zusammensetzen.

5. Den Kopf an die geöffnete Filtertüte kleben und ein etwa 8 cm langes Chenilledrahtstück als Schwanz befestigen.

Tipp:

Braune Filtertüten zuerst mit weißer Fingerfarbe auf beiden Seiten anmalen und trocknen lassen. Danach die schwarzen Punkte auftupfen.

Du brauchst:

schwarze Fingerfarbe, weißes und schwarzes Tonpapier, weiße Filtertüte (Größe 2), schwarzen Chenilledraht, Pinsel, Schere, Klebstoff, Locher

Rosa Schwein

Du brauchst:
weißes, rosa- und pinkfarbenes Tonpapier, leere Toilettenpapierrolle, rosafarbenen Chenilledraht, weiße und rote Fingerfarben, Pinsel, Schere, Kastanienbohrer, Bleistift, Klebstoff, Locher

So gehts:

1. Aus rosafarbenem Tonpapier ein Quadrat (Gesicht), 7 x 7 cm, zwei Rechtecke (Beine), 7 x 3,5 cm, ein Rechteck (Ohren), 2,5 x 2 cm, und ein Quadrat (Rüssel), 2 x 2 cm, zuschneiden. Vom pinkfarbenen Tonpapier ein 2 x 2 cm großes Quadrat (Mund) schneiden. Außerdem einen etwa 1 cm breiten Tonpapierstreifen, eine Toilettenpapierrolle und Chenilledraht bereitlegen.

2. Weiße und rote Fingerfarben auf einen Teller geben und mit einem Pinsel vermischen, so entsteht die Farbe Rosa. Alternativ gleich rosafarbene Fingerfarbe verwenden. Die Toilettenpapierrolle rosa anmalen.

3. Am großen und kleinen rosa Quadrat die vier Ecken rund abschneiden. Die drei Rechtecke diagonal durchschneiden. Das pinkfarbene Quadrat an den Ecken rund schneiden und halbieren. Eine Hälfte als Mund verwenden. Vom weißen Streifen zwei Stücke abschneiden.

4. Den Chenilledraht über einen Bleistift wickeln, so entsteht der Ringelschwanz. Mit dem Kastanienbohrer ein Loch in die Toilettenpapierrolle bohren und den Ringelschwanz einstecken. Die Beine mit Klebstoff an der Toilettenpapierrolle anbringen, die unteren Enden jeweils ein Stück umknicken.

5. Die Einzelteile des Gesichts zusammensetzen. Zwei schwarze Locherpunkte als Pupillen und zwei pinkfarbene Locherpunkte als Nasenlöcher aufkleben. Das fertige Gesicht mit Klebstoff an der Toilettenpapierrolle anbringen.

Meeresfische

Du brauchst (für einen Fisch):
Wattepad, gelbe Wasserfarbe, weißes und orangefarbenes Tonpapier, grünes Seidenpapier, einen blauen Papierbogen, Pinsel, Schere, Klebstoff, Locher

So gehts:

1. Ein Wattepad mit gelber Wasserfarbe anmalen und trocknen lassen.

2. Ein orangefarbenes Tonpapierquadrat, etwa 5 x 5 cm, und einen etwa 1 cm breiten weißen Streifen zuschneiden.

3. Das Quadrat diagonal durchschneiden und eine Hälfte als Schwanzflosse benutzen. Von dem weißen Streifen ein Stück abschneiden und als Auge verwenden. Einen schwarzen Locherpunkt als Pupille aufkleben.

4. Ein etwa 1 cm breites Dreieck als Mund in das gelbe Wattepad schneiden und das Auge sowie die Schwanzflosse mit Klebstoff daran befestigen.

5. Besonders schön sieht es aus, wenn die Kinder mehrere bunte Fische basteln. Anschließend vom grünen Seidenpapier verschieden große Stücke abreißen und als Wasserpflanzen auf den blauen Papierbogen kleben. Die Fische zwischen den Pflanzen anbringen.

Regenbogen-Qualle

So gehts:

1. Aus dem Regenbogenpapier ein Quadrat, etwa 20 x 20 cm, zuschneiden. Aus weißem Tonpapier einen etwa 3 cm breiten Streifen und aus rotem Tonpapier einen Kreis, etwa 8 cm Ø, anfertigen.

2. Vom Regenbogenquadrat alle vier Ecken rund abschneiden (Körper). Für die Augen vom weißen Streifen zwei Stücke abschneiden und schwarze Locherpunkte als Pupillen aufkleben. Den roten Kreis in der Mitte durchschneiden und eine Hälfte als Mund verwenden.

Du brauchst:

Regenbogenpapier, weißes und rotes Tonpapier, Bast in verschiedenen Farben, Schere, Klebstoff, Klebeband, Locher

3. Die Einzelteile des Gesichts mit Klebstoff zusammensetzen. Einen schwarzen Locherpunkt als Nase anbringen.

4. Viele verschiedene Baststücke abschneiden und als Fangarme auf der Rückseite des Körpers mit Klebeband befestigen.

Tipp:

Die Fangarme können die Kinder
auch mit Wolle gestalten.

Rote Eisenbahn

So gehts:

1. Mit schwarzer Wasserfarbe alle fünf Wattepads anmalen und trocknen lassen.

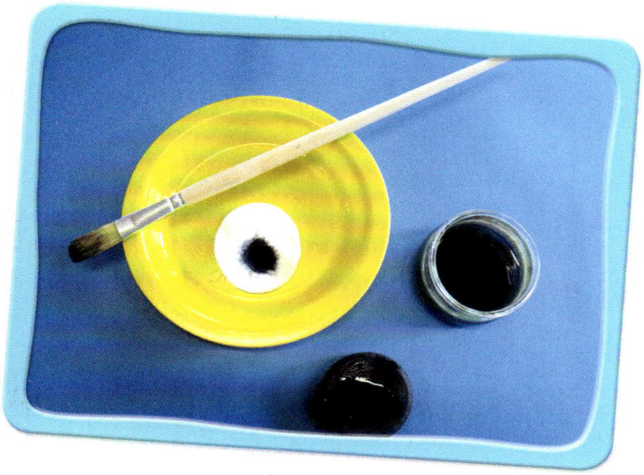

2. Aus rotem Tonpapier ein großes Rechteck, etwa 12 x 24 cm, und ein kleines Rechteck, etwa 10 x 22 cm, anfertigen. Das große Rechteck an das kleine kleben, so entsteht die Lok.

Du brauchst:
rotes, blaues und schwarzes Tonpapier, fünf Wattepads, schwarze Wasserfarbe, Watte, Pinsel, Schere, Klebstoff

3. Einen schwarzen Tonpapierstreifen, etwa 1,5 cm breit, und einen blauen Tonpapierstreifen, etwa 3 cm breit, zuschneiden.

4. Von dem schwarzen Streifen ein Stück abschneiden und als Schornstein auf die Lok kleben. Vom blauen Streifen zwei Stücke abschneiden und als Fenster mit Klebstoff an der Lok anbringen.

5. Ein etwa 10 x 18 cm großes Rechteck aus rotem Tonpapier zuschneiden und mit einem kleinen schwarzen Tonpapierstreifen als Anhänger an der Lok befestigen. Drei schwarze Wattepads als Räder an der Lok und zwei am Anhänger fixieren. Etwas Watte als Rauch auf den Schornstein kleben.

Tipp:

Wer möchte, kann noch weitere Anhänger an der Eisenbahn anbringen.

Schwarze Katze

So gehts:

1. Mit schwarzer Wasserfarbe das Wattepad (Kopf) anmalen und trocknen lassen.

2. Die komplette Hand mit schwarzer Fingerfarbe bemalen und auf den Papierbogen drucken (Körper).

3. Ein schwarzes Tonpapierrechteck, etwa 2 x 3 cm, diagonal durchschneiden (Ohren). Von einem weißen Tonpapierstreifen, 1 cm breit, zwei Stücke abschneiden. Drei dünne, etwa 0,3 cm breite Streifen (Barthaare) anfertigen.

4. Schwarze Locherpunkte als Pupillen auf die weißen Augen kleben und am Kopf befestigen. Die Ohren seitlich an den Kopf kleben. Einen roten Tonpapierkreis, etwa 2 cm Ø, und einen roten Locherpunkt bereitlegen.

5. Die Barthaare fächerartig übereinanderkleben und mit dem roten Locherpunkt fixieren. Den großen roten Kreis in der Mitte durchschneiden und eine Hälfte als Mund verwenden.

Du brauchst:
einen Wattepad, schwarze Wasserfarbe, schwarze Fingerfarbe, weißes, rotes und schwarzes Tonpapier, schwarzen Chenilledraht, einen Papierbogen, Pinsel, Schere, Klebstoff, Locher

6. Den Kopf auf den Handabdruck kleben. Für den Schwanz ein Stück des Chenilledrahts abschneiden und ankleben.

Weintrauben

So gehts:

1. Die sechs Wattepads mit lilafarbener Wasserfarbe anmalen und trocknen lassen.

Tipp:

Wer lieber grüne Weintrauben möchte, malt die Wattepads einfach grün an.

2. Aus braunem Tonpapier einen etwa 2 cm breiten Streifen anfertigen. Zwei gepresste Blätter bereitlegen.

Du brauchst:
sechs Wattepads, lilafarbene Wasserfarbe, einen Papierbogen, gepresste Blätter, braunes Tonpapier, Pinsel, Schere, Klebstoff

3. Die lilafarbenen Wattepads traubenförmig mit Klebstoff auf den Papierbogen kleben. Ein Stück vom braunen Streifen abschneiden und als Stiel fixieren. Die gepressten Blätter am Stiel anbringen.

Sonnenblume

So gehts:

1. Die Handfläche mit brauner, die Finger mit gelber Fingerfarbe bemalen und auf den Papierbogen drucken.

2. Die Finger wiederholt mit gelber Farbe bestreichen (die braune Handfläche nicht) und kreisförmig so oft aufdrucken, bis die Blüte der Sonnenblume komplett ist.

3. Mit einem Pinsel und grüner Fingerfarbe einen langen Stiel malen. Die Hand mit grüner Farbe bestreichen und rechts und links als Blätter an den Stiel drucken.

Du brauchst:
weiße, braune und grüne Fingerfarben, einen weißen Papierbogen, Pinsel

Lieber Hase

Du brauchst:
weißes, braunes und schwarzes Tonpapier, braune Filtertüte (Größe 2), beigefarbene Wolle, Watte, Schere, Locher, Klebstoff, eventuell Heißkleber

So gehts:

1. Aus dem braunen Tonpapier je ein Rechteck der Größe 8 x 11 cm und 6 x 10 cm zuschneiden. Vom weißen Tonpapier einen 1 cm breiten, vom schwarzen Tonpapier einen 1,5 cm breiten Streifen abschneiden. Außerdem die Filtertüte, weiße Watte und beigefarbene Wolle bereitlegen.

Tipp:
Für das Anbringen der Nase eventuell Heißkleber verwenden (Erwachsener).

2. Am größeren braunen Rechteck die Ecken rund schneiden (Kopf), das kleinere Rechteck diagonal durchschneiden (Ohren). Vom weißen Streifen zwei kurze Stücke abschneiden, vom schwarzen Streifen ein Stück. Von der Wolle Fäden als Barthaare zuschneiden.

3. Die Einzelteile des Gesichts mit Klebstoff zusammensetzen, schwarze Locherpunkte als Pupillen aufkleben. Die Ohren anbringen.

4. Die beiden gestanzten Kanten der Filtertüte umknicken und mit Klebstoff fixieren. Die Filtertüte aufstellen und die Watte als Schwänzchen ankleben. Den fertigen Kopf mit Klebstoff am Filtertütenkörper befestigen.

Kleine Maus

So gehts:

1. Mit der grauen Fingerfarbe die Toilettenpapierrolle anmalen und trocknen lassen.

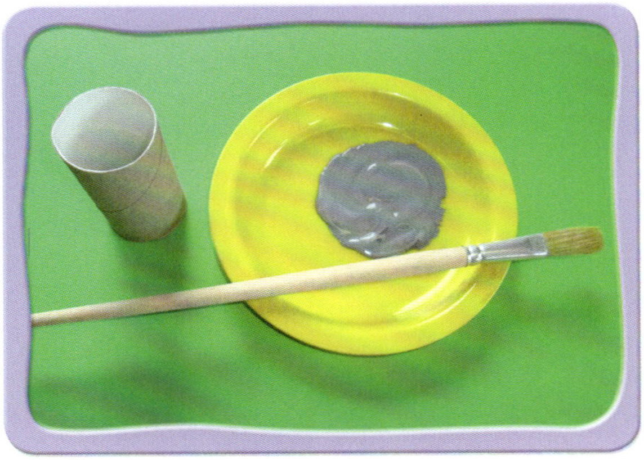

2. Aus grauem Tonpapier ein Rechteck, etwa 6 x 8 cm, einen Streifen, etwa 2 cm breit, und einen Kreis, etwa 3,5 cm Ø, zuschneiden. Aus weißem Tonpapier einen etwa 1 cm breiten Streifen anfertigen.

Tipp:

Als Barthaare eignen sich auch dünne schwarze Papierstreifen sehr gut.

3. Für den Kopf das graue Rechteck diagonal durchschneiden. Den grauen Kreis mittig durchschneiden und beide Hälften als Ohren verwenden. Vom weißen Streifen zwei Stücke abschneiden (Augen) und schwarze Locherpunkte als Pupillen aufkleben. Für die Beine vom grauen Streifen zwei Stücke abschneiden und jeweils auf einer Seite etwa 1 cm umknicken.

4. Die Einzelteile des Gesichts mit Klebstoff zusammensetzen. Von der schwarzen Wolle mehrere Stücke abschneiden und als Barthaare verwenden. Mit einem roten Locherpunkt (Nase) die Barthaare fixieren.

5. Für den Schwanz ein etwa 8 cm langes Stück Chenilledraht verwenden. Mit einer Schere ein kleines Loch in die Toilettenpapierrolle stechen und den Schwanz daran befestigen.

Du brauchst:
weißes und graues Tonpapier, leere Toilettenpapierrolle, graue Fingerfarbe, schwarzen Chenilledraht, schwarze Wolle, Pinsel, Schere, Klebstoff, Locher

Nachteule

So gehts:

1. Für den Körper ein braunes Tonpapierrechteck, etwa 16 x 22 cm, zuschneiden und alle vier Ecken rund abschneiden. Für die Flügel einen Tonpapierkreis, 16 cm Ø, in der Mitte durchschneiden.

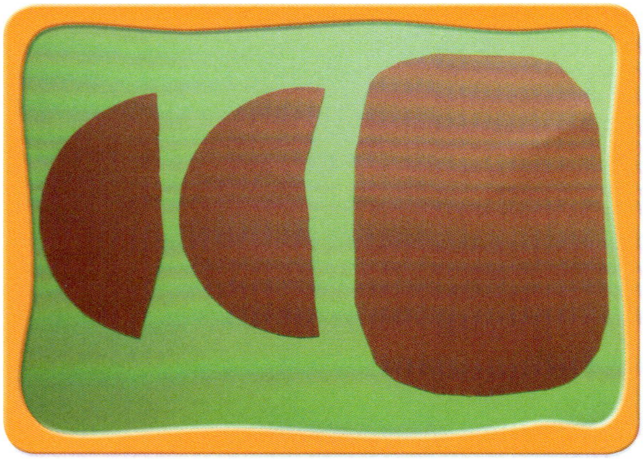

2. Aus gelbem Tonpapier einen etwa 5 cm breiten, aus weißem Tonpapier einen etwa 3 cm breiten Streifen anfertigen. Aus orangefarbenem Tonpapier ein Rechteck, etwa 5 x 8 cm, zuschneiden.

3. Von dem gelben und weißen Streifen jeweils zwei Stücke abschneiden (Augen) und aufeinanderkleben. Schwarze Locherpunkte als Pupillen anbringen. Das orangefarbene Rechteck diagonal durchschneiden und eine Hälfte als Schnabel verwenden. Schnabel und Augen auf den Körper kleben. Die braunen Halbkreise als Flügel am Körper befestigen.

4. Aus orangefarbenem Tonpapier zwei etwa 1 cm breite Streifen zuschneiden und zwei lange und vier kurze Stücke abschneiden. Zusätzlich einen etwa 4 cm breiten Streifen aus braunem Tonpapier bereitlegen.

Du brauchst:
weißes, gelbes, orangefarbenes und braunes Tonpapier, Schere, Klebstoff, Locher

5. Für die Krallenfüße jeweils zwei kurze orangefarbene Stücke an ein langes Stück kleben. Für die Ohren der Eule vom braunen Streifen zwei Stücke abschneiden und bei jedem Stück auf einer schmalen Seite mehrere Male etwa 1 cm tief einschneiden. Die Krallenfüße und die Ohren mit Klebstoff an der Eule fixieren.

Zapfen-Schnecke

So gehts:

1. Etwas Moos und einen Kiefernzapfen bereitlegen.

2. Ein beigefarbenes Quadrat (Größe: etwas kleiner als der Kiefernzapfen), einen schmalen beigefarbenen und einen etwas breiteren schwarzen Streifen sowie einen roten Kreis, 2 cm Ø, vorbereiten.

3. Die Ecken des Quadrats rund schneiden. Vom beigefarbenen Streifen zwei längere Stücke (Fühler), vom schwarzen Streifen zwei kurze Stücke abschneiden. Den roten Kreis halbieren, eine Hälfte für den Mund verwenden.

4. Die Einzelteile des Kopfs mit Klebstoff zusammensetzen und weiße Locherpunkte als Pupillen aufkleben.

5. Den Schneckenkopf mit Heißkleber (Erwachsener!) an dem Kiefernzapfen befestigen.

6. Die fertige Schnecke auf das Moos setzen.

Du brauchst:
einen Kiefernzapfen, etwas Moos, beigefarbenes, rotes und schwarzes Tonpapier, Schere, Locher, Klebstoff, Heißkleber

Stacheliger Igel

So gehts:

1. Die Naturmaterialien bereitlegen. Vom braunen Tonpapier einen etwa 3 cm breiten und 40 cm langen Streifen zuschneiden.

2. Den Streifen in acht etwa gleich lange Stücke schneiden.

3. Alle acht Stücke diagonal durchschneiden.

4. Die entstandenen Dreiecke zu einem Igelkörper zusammensetzen und auf einen Papierbogen kleben.

Tipp:

Zum Befestigen des Naturmaterials eventuell Heißkleber (nur Erwachsene!) verwenden.

5. Den Ahornsamen als Kopf anbringen. Einen kleinen Eichelhut als Auge (alternativ: Locherpunkt) mit Klebstoff befestigen.

Du brauchst:

braunes Tonpapier, einen grünen Papierbogen, verschiedene gepresste Herbstblätter, Samen eines Ahornbaums, einen kleinen Eichelhut, Schere, Klebstoff (Heißkleber)

6. Die gepressten Blätter unter und um den Igel herum aufkleben.

Pinguinkind

So gehts:

1. Zwei Wattepads mit schwarzer Wasserfarbe anmalen und trocknen lassen.

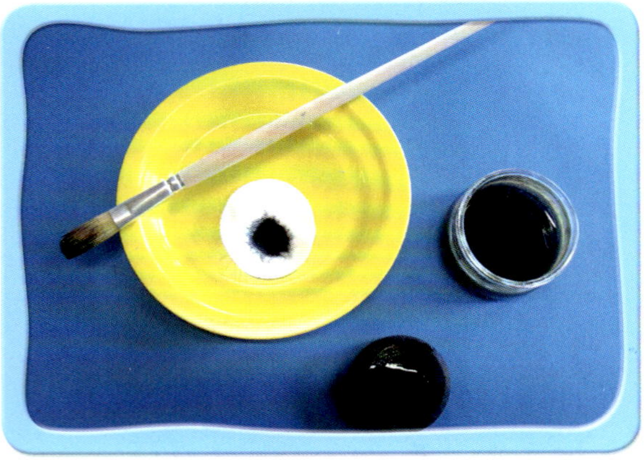

2. Einen orangefarbenen Tonpapierstreifen, etwa 0,5 cm breit, und einen weißen Papierstreifen, etwa 1 cm breit, anfertigen. Aus orangefarbenem Tonpapier ein Rechteck, etwa 6 x 3 cm, zuschneiden.

3. Für die Augen zwei Stücke vom weißen Streifen abschneiden und schwarze Locherpunkte als Pupillen aufkleben. Das orangefarbene Rechteck in der Mitte zusammenfalten und auf der geöffneten Seite spitz zuschneiden (Schnabel). Die Einzelteile des Gesichts mit Klebstoff auf einem schwarzen Wattepad anbringen.

4. Für den Körper einen schwarzen Wattepad mittig durchschneiden und als Flügel auf dem weißen Wattepad befestigen.

5. Für die Eisberge weiße Fingerfarbe mit einem rechteckigen Schwamm auf den blauen Papierbogen drucken und trocknen lassen.

6. Vom orangefarbenen Streifen zwei Stücke abschneiden (Füße), etwa 1 cm weit umknicken und von hinten an das weiße Wattepad kleben. Kopf und Körper auf dem bedruckten Papierbogen anbringen.

Du brauchst:
drei Wattepads, weißes und orangefarbenes Tonpapier, schwarze Wasserfarbe, weiße Fingerfarbe, einen blauen Papierbogen, Pinsel, Schwamm, Schere, Klebstoff, Locher

Fröhlicher Elch

Du brauchst:
weißes, rotes und braunes Tonpapier, zwei Eichenblätter, leere Toilettenpapierrolle, braune Fingerfarbe, Pinsel, Schere, Klebstoff, Locher

So gehts:

1. Zwei braune Tonpapierrechtecke zuschneiden: eins in der Größe 8 x 7 cm, das zweite in der Größe 16 x 3 cm. Vom weißen Tonpapier einen Streifen, etwa 1,5 cm breit, anfertigen und vom roten Tonpapier einen Kreis, etwa 2 cm Ø, vorbereiten. Außerdem zwei Eichenblätter und eine Toilettenpapierrolle bereitlegen.

2. Das längere braune Rechteck zunächst mittig, danach die zwei entstandenen Hälften diagonal durchschneiden (Beine). Am anderen braunen Rechteck die Ecken rund abschneiden (Kopf). Den roten Kreis halbieren und eine Hälfte als Mund verwenden. Vom weißen Streifen zwei Stücke abschneiden (Augen).

3. Die Einzelteile des Gesichts zusammensetzen. Zwei schwarze Locherpunkte als Augen, einen roten Locherpunkt als Nase aufkleben. Die beiden Eichenblätter als Ohren mit Klebstoff am Kopf befestigen.

4. Die Toilettenpapierrolle mit brauner Fingerfarbe bemalen.

5. Den Elch fertigstellen. Den Kopf mit Klebstoff an der getrockneten Toilettenpapierrolle anbringen, die vier Beine seitlich ankleben. An den unteren spitzen Enden jeweils ein Stück umknicken, dies ermöglicht einen besseren Stand.

Leuchtende Kerze

Du brauchst:
gelbe, grüne, rote und blaue Fingerfarben, gelbes und schwarzes Tonpapier, einen weißen Papierbogen, Schere, Klebstoff

So gehts:

1. Den weißen Papierbogen in der Mitte zusammenfalten und wieder öffnen. Die Fingerfarben direkt aus der Flasche auf eine Papierhälfte tropfen.

2. Den Papierbogen erneut zusammenfalten, mit der Handfläche darüberstreichen, bis sich die Farbe gleichmäßig verteilt hat, und wieder öffnen.

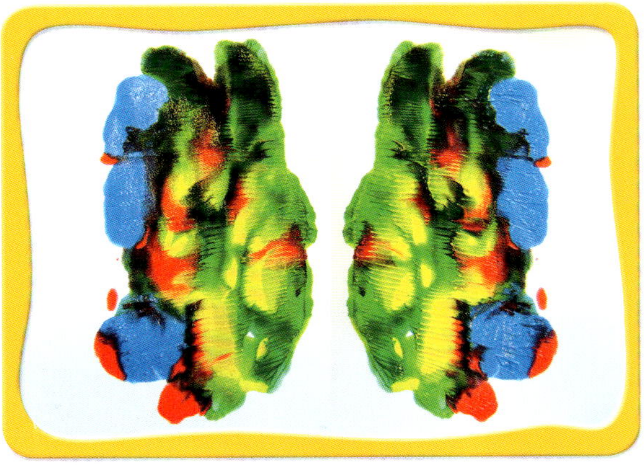

3. Sobald die Farbe getrocknet ist, einen Abdruck entlang der äußeren Farbkante ausschneiden und als Kerze verwenden.

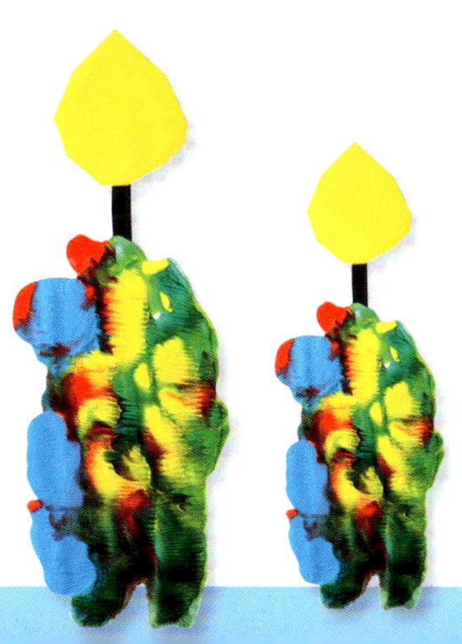

4. Aus gelbem Tonpapier ein Quadrat entsprechend der Größe des Farbdrucks zuschneiden. Aus schwarzem Tonpapier einen etwa 1 cm breiten Streifen anfertigen.

5. Für die Flamme drei Ecken des gelben Quadrats abschneiden. Vom schwarzen Streifen ein Stück abschneiden und als Docht verwenden.

6. Alle Einzelteile der Kerze mit Klebstoff zusammensetzen.

Winter-Vogelhaus

So gehts:

1. Für das Vogelhaus aus der Holzmuster-Tapete ein etwa 18 x 24 cm großes Rechteck anfertigen. Ein weißes Tonpapierquadrat, etwa 20 x 20 cm, diagonal durchschneiden und als Dach an dem Vogelhaus befestigen.

2. Ein schwarzes Tonpapierquadrat, etwa 8 x 8 cm, anfertigen, alle vier Ecken rund abschneiden und als Öffnung an das Vogelhaus kleben. Als Pfosten ein Stück Holzmuster-Tapete, 4 cm breit und 24 cm lang, an dem Vogelhaus fixieren.

3. Für das Vögelchen aus gelben Tonpapier zwei Quadrate, 6 x 6 cm (Bauch) und 5 x 5 cm (Kopf), zuschneiden. Vom roten Tonpapier ein 2 x 3,5 cm großes Rechteck anfertigen. Zwei braune Streifen, 1,2 cm und 0,8 cm breit, sowie einen weißen Streifen, 1 cm breit, abschneiden. Das Wattepad mit Wasserfarbe bemalen und trocknen lassen.

4. Von den beiden Quadraten die Ecken rund abschneiden und zusammensetzen. Das rote Rechteck diagonal durchschneiden und eine Hälfte als Schnabel anbringen. Vom breiten braunen Streifen zwei Stücke (Beine) und vom schmalen braunen Streifen sechs Stücke (Krallen) abschneiden und aufkleben.

5. Für das Auge ein Stück vom weißen Streifen aufkleben, einen schwarzen Locherpunkt als Pupille ergänzen. Das Wattepad durchschneiden und die Hälften als Flügel am Körper anbringen.

Tipp:

Wer keine Holzmuster-Tapete zur Hand hat, kann auch braunes Tonpapier verwenden.

Du brauchst:

Vogelhaus: weißes und schwarzes Tonpapier, Holzmuster-Tapete, Schere, Klebstoff

Vögelchen: weißes, gelbes, rotes und braunes Tonpapier, einen Wattepad, orangefarbene Wasserfarbe, Pinsel, Schere, Klebstoff, Locher

Schneehase

Du brauchst:

weißes, braunes und beigefarbenes Tonpapier, braune Wollfäden, zwei Holzwäscheklammern, Watte, Schere, Klebstoff, Locher

So gehts:

1. Das Material für einen Hasen bereitlegen. Aus weißem Tonpapier ein großes Rechteck, etwa 14 x 18 cm, ein kleines Rechteck, etwa 5 x 10 cm, sowie ein Quadrat, etwa 10 x 10 cm, zuschneiden. Aus beigefarbenem Tonpapier ein etwa 3 x 8 cm großes Rechteck anfertigen, aus braunem Tonpapier zwei Streifen, 1 cm und 2 cm breit.

2. Vom großen weißen Rechteck zwei Ecken für den Körper und vom Quadrat für den Kopf alle vier Ecken rund abschneiden. Für die Ohren das beigefarbene und das kleine weiße Rechteck diagonal durchschneiden. Vom schmalen braunen Streifen zwei Stücke als Augen und vom breiten ein Stück für die Nase abschneiden. Von der Wolle Fäden als Barthaare zuschneiden.

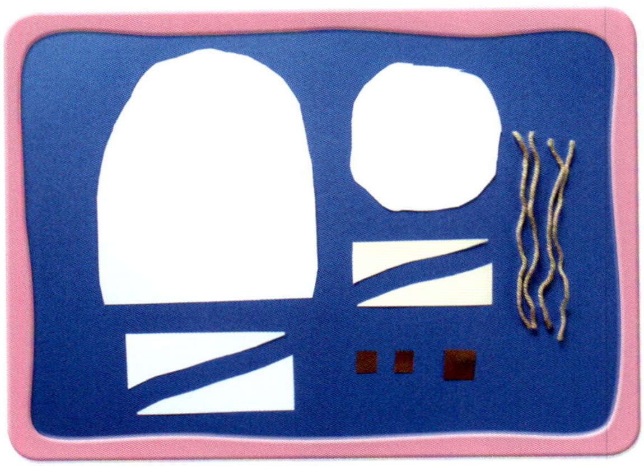

3. Die Einzelteile des Kopfs und des Gesichts mit Klebstoff zusammensetzen. Weiße Locherpunkte als Pupillen auf die braunen Augen kleben.

4. Den Kopf am Körper fixieren, die Wäscheklammern als Pfoten unten am Körper anstecken. Den Watteschwanz auf der Rückseite befestigen.

Schneemann

So gehts:

1. Fünf Wattepads mit schwarzer Wasserfarbe anmalen und trocknen lassen.

2. Für den Bauch einen weißen Pappteller zurechtlegen. Aus weißem Tonpapier ein etwa 18 x 18 cm großes Quadrat zuschneiden und alle vier Ecken rund abschneiden (Kopf).

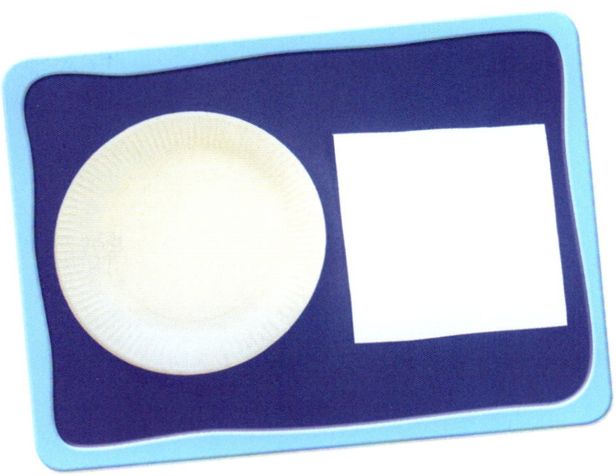

3. Einen etwa 2 cm breiten und 25 cm langen Streifen aus schwarzem Tonpapier zuschneiden sowie ein etwa 16 x 10 cm großes Rechteck. Das Rechteck an den schwarzen Streifen kleben (Hut). Ein etwa 6 x 8 cm großes, orangefarbenes Tonpapierrechteck diagonal durchschneiden und eine Hälfte als Karottennase verwenden.

4. Hut, Nase und zwei schwarze Wattepads (Augen) auf den Kopf kleben. Mit weißer Fingerfarbe die Spitze des Zeigefingers bemalen und als Pupillen auf die schwarzen Augen drucken.

Du brauchst:

weißes, orangefarbenes und schwarzes Tonpapier, einen blauen Papierbogen, einen weißen Pappteller, fünf Wattepads, schwarze Wasserfarbe, weiße Fingerfarbe, Schere, Klebstoff, Pinsel

5. Drei schwarze Wattepads als Knöpfe auf dem Pappteller (Bauch) befestigen. Weiße Fingerabdrücke als Schneeflocken auf den Papierbogen drucken und trocknen lassen. Die Einzelteile des Schneemanns mit Klebstoff auf dem Papierbogen zusammensetzen.

Krippenfiguren

Du brauchst:

Maria und Josef: zwei leere Toilettenpapierrollen, hautfarbene Fingerfarbe, 2 Styroporkugeln (etwa 5 cm Ø), blaue und grüne Stoffreste, weißes und rotes Tonpapier, braune und gelbe Märchenwolle, Pinsel, Schere, Klebstoff, Locher, Heißkleber

So gehts:

1. Für die Körper von Maria und Josef die beiden Toilettenpapierrollen mit hautfarbener Fingerfarbe anmalen und trocknen lassen. Für die Köpfe die beiden großen Styroporkugeln ebenfalls mit Hautfarbe bemalen.

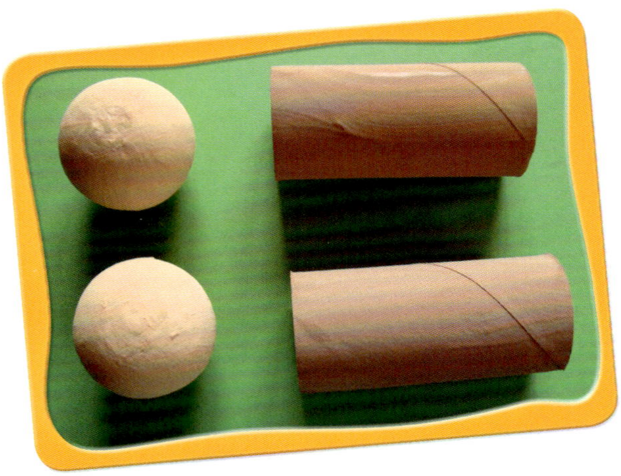

2. Einen weißen, etwa 1,5 cm breiten Tonpapierstreifen zuschneiden. Aus rotem Tonpapier einen Kreis, etwa 2 cm Ø, anfertigen.

3. Von dem weißen Streifen vier Stücke abschneiden und als Augen auf die Kugeln kleben. Schwarze Locherpunkte als Pupillen ergänzen. Den roten Kreis mittig durchschneiden und die beiden Hälften als Mund anbringen. Jeweils einen roten Locherpunkt als Nase ankleben.

4. Für die Umhänge zwei Rechtecke, etwa 12 x 16 cm, aus grünem und blauem Stoff anfertigen und um die Toilettenpapierrollen kleben. Die Enden leicht nach außen stehen lassen.

5. Die Köpfe mit Heißkleber an den Körpern fixieren. Die Märchenwolle als Haare anbringen.

Du brauchst:

Jesuskind: dünne Papprolle (etwa 3 cm Ø), Haushaltspapier, Styroporkugel (etwa 3,5 cm Ø), altes Küchenmesser, hautfarbene Fingerfarbe, weißes und rotes Tonpapier, Pinsel, Schere, Klebstoff, Locher
Krippe: leere Toilettenpapierrolle, Stroh

6. Für das Jesuskind mit dem alten Küchenmesser (Erwachsener!) von der Papprolle ein etwa 6 cm langes Stück abschneiden und als Körper verwenden. Aus weißem Tonpapier einen etwa 1 cm breiten Streifen und aus rotem Tonpapier einen Kreis, etwa 2 cm Ø, anfertigen. Ein Stück Haushaltspapier bereitlegen.

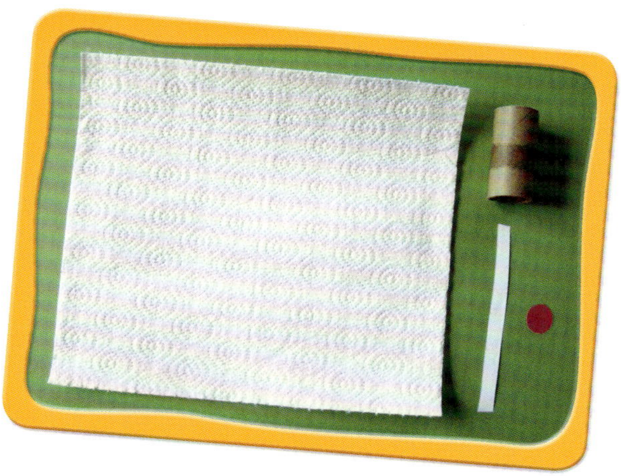

7. Vom weißen Streifen zwei Stücke abschneiden und als Augen verwenden. Schwarze Locherpunkte als Pupillen aufkleben. Den roten Kreis mittig durchschneiden und eine Hälfte als Mund bereitlegen. Das Haushaltspapier auf etwa die Größe der Papprolle zuschneiden und als Windel um die Papprolle herumkleben.

8. Für den Kopf die kleine Styroporkugel mit hautfarbener Fingerfarbe bemalen und trocknen lassen. Anschließend die Einzelteile des Gesichts sowie einen roten Locherpunkt als Nase auf den Kopf kleben.

9. Den Kopf mit Heißkleber (Erwachsener!) auf dem Körper befestigen.

10. Für die Krippe eine Toilettenpapierrolle der Länge nach aufschneiden, etwa ein Drittel davon herausschneiden und etwas Stroh hineinlegen.

11. Das Jesuskind in die Krippe legen, Maria und Josef dazustellen.

Hinweis:

Arbeiten mit dem Heißkleber sollten grundsätzlich nur von Erwachsenen durchgeführt werden!

Autorinnen

Eva Danner

Beate Vogel

Eva Danner und Beate Vogel sind erfahrene Erzieherinnen, die sich auf den Bereich der Kleinkinderziehung und -förderung spezialisiert haben. In einem Karlsruher Kindergarten betreuen sie seit ein paar Jahren eine Gruppe 2- bis 3-Jähriger. Außerdem veröffentlichen sie in der Reihe „Bausteine Kindergarten – Ideen für die Kleinsten" Sonderhefte mit Projektideen für die tägliche Arbeit mit den Jüngsten. Die Anregungen und Ideen in diesem Buch sind in der Praxis erprobt und am Ablauf des Kindergartenjahrs orientiert.

Impressum

www.christophorus-verlag.de

15. Auflage 2016

ISBN 978-3-8388-3186-2
Art-Nr. CV3186

Redaktion: Gisa Windhüfel, Freiburg
Fotos & Styling: Roland Krieg, Waldkirch
Arbeitsfotos: Eva Danner, Beate Vogel
Layout, Satz & Covergestaltung: GrafikwerkFreiburg
Reproduktionen: Meyle + Müller, Pforzheim
Druck & Verarbeitung: Polygraf Print, Slowakei